Collection de M. de B*** [aslewsky]

—o—◆—o—

TABLEAUX

ANCIENS & MODERNES

~~~~~

VENTE LE MERCREDI 4 MARS 1868

EXPOSITION LE MARDI 3 MARS 1868

DE UNE HEURE A CINQ HEURES

—◆—

COMMISSAIRE-PRISEUR	EXPERT
Mᶜ **CHARLES PILLET**	**M. FEBVRE**
~~~~~

RENOU & MAULDE

IMPRIMEURS DE LA COMPAGNIE DES COMMISSAIRES-PRISEURS

Rue de Rivoli, 144.

Collection de M. De B***.

CATALOGUE

DES

TABLEAUX

ANCIENS & MODERNES

DONT LA VENTE AUX ENCHÈRES PUBLIQUES AURA LIEU

HOTEL DES COMMISSAIRES-PRISEURS

Rue Drouot, n° 5

SALLE N° 5

Le Mercredi 4 Mars 1868

A DEUX HEURES PRÉCISES

Par le ministère de Me **CHARLES PILLET**, Commissaire-Priseur,
rue de Choiseul, 11,

Assisté de M. **FEBVRE**, Expert, rue Saint-Georges, 14,

CHEZ LESQUELS SE DÉLIVRE LE PRÉSENT CATALOGUE

EXPOSITION PUBLIQUE

Le MARDI 3 Mars 1868, de une heure à cinq heures.

PARIS — 1868

DÉSIGNATION

DES

TABLEAUX

ÉCOLE MODERNE

ANDRÉ (Jules)

1 — Cours d'eau entre deux coteaux boisés.

BESSON (Faustin)

2 — La Famille du Jardinier.

BODEMAN et VERBOECKHOVEN

3 — Biches près d'une rivière; intérieur de forêt.

BONNEMAISON

4 — Chevaux dans une prairie.

BOUQUET (M.)

5 — Paysage avec rivière.

BROWN (S., 1865)

6 — La Halte à l'auberge.

BRUNE (ADOLPHE)

7 — Deux Cadres contenant six esquisses de décoration des plafonds de la salle du Sénat.

8 — Trois autres Figures mythologiques.

9 — Projet de plafond.

CALS, 1854

10 — Cuisinière tenant un canard sauvage.

CALS, 1846

11 — Villageoise et Enfant assis sur le bord d'une route.

CAROLUS, 1859

12 — Jeunes Époux regardant leur enfant endormi.

CHEDRIN (S.)

13 — Port de mer; effet de lune.

COGNARD (L.)

14 — Vaches au pâturage.

COUTURIER

15 — Poulaillier avec Poules, Coqs et Canards.

DE DREUX (ALFRED)

16 — Soldat huguenot appuyé sur son cheval blanc.

DUPRÉ (VICTOR)

17 — Bords de l'Oise.

FAULELET, 1857

18 — Gentilhomme près d'une jeune femme à laquelle il fait admirer un dessin.

FRÈRE (THÉODORE)

19 — Une Rue à Constantinople.

GIRARDET (KARL)

20 — Paysage avec Lavandières.

GUÉNIER (A.)

21 — Raisins et Pêches dans un plat d'argent.

GROSSER (Mme), d'après RAPHAEL

22 — Buste de saint Jean, précurseur.

HAUNEN (J. Van, 1857)

23 — Chapelle sépulcrale avec visiteurs.

HOUSSEZ (G., 1859)

24 — Jeunes Filles à la fontaine.

HOVE (B.-L Van

25 — Intérieur; jeune servante apportant une lettre à sa maîtresse.

HUGARS

26 — Site de la Suisse; vallée.

JONGKIND, 1854

27 — Une vue du Pont-Neuf, prise de la berge.

KIERS (P.)

28 — La Lecture de la Bible; Intérieur, effet de lumière.

KLUYVER

29 — Petite Rivière glacée au centre d'un bois; sur la rivière, des patineurs.

KOEKOEK (M.-A.)

30 — Charmant Paysage avec pâturage et pont rustique.

KOEKOEK (M.-A)

34 — Paysage offrant à gauche l'entrée d'un bois avec route ; à droite, une rivière avec pêcheurs retirant leurs filets ; dans le fond, un pâturage.

KRAUSE (BERTIN W., 1845)

32 — Marine ; site hollandais ; soleil couchant.

LENFANT DE METZ

33 — Les Souris prises aux pièges ; scène enfantine.

MATWEFF (FÉODOR)

34 — Campagne aux environs de Rome.

PAR LE MÊME

35 — Campagne près Tivoli.

MEYER (LOUIS, 1859)

36 — Marine et Plage.

NOTERMAN, 1855

37 — Basse-Cour avec Canards.

PALIZZI

38 — Trois Vaches buvant à une mare.

PIGNEROLLE (M. DE)

39 — Marchand pyrénéen montrant des étoffes.

PLATTEL

40 — Paysage avec chute d'eau.

REBELL, 1824

41 — Marine; gros temps.

SALMON (TH.)

42 — La Réprimande.

SEBRON (E.)

43 — Chute du Niagara; effet de neige.

SCHEDRIN (S., 1828)

44 — Vue de Rome et du fort Saint-Ange.

SCHEDRIN, 1823

45 — Les Cascatelles de Tivoli.

TASSAERT

46 — Petite Baigneuse sur le bord d'un cours d'eau.

TROYON (C.)

47 — Paysage avec rivière; sur le bord, une villageoise
lave du linge.

VANDEBREECK, 1859

48 — La Confidence; intérieur; deux figures.

VERNET, HORACE (Attribué à)

49 — Chef Palikare se rendant au lieu du combat. (Guerre
de l'indépendance grecque.)

VERSCHUUR (W.)

50 — Palefrenier dans une écurie retenant un cheval
fougueux.

WINTER (L. DE)

51 — Marine et Plage; clair de lune.

WINZL (PÉTER)

52 — Lapins dans une grotte.

ZUBER-BUHLER

53 — L'Enfance de Bacchus.

ZUBER-BUHLER

54 — Petite Fille à demi nue, se balançant dans un hamac.

ÉCOLE FLAMANDE MODERNE

55 — Jeune Villageoise se reposant près d'une chaumière.

TABLEAUX ANCIENS

ADRIEANSSEN (Alexandre)

56 — Fleurs, Gibier et Poissons posés sur une table.

(Signé en toutes lettres.)

BOUCHER (Genre de F.)

57 — Jeune Femme donnant à manger à des poules.

BERGHEM, Nicolas (D'après)

58 — Animaux dans une campagne.

BREUGHEL (Pierre)

59 — Port de mer.

Sur la plage, des bateaux échoués, des marins et d'autres personnages; dans le fond, des falaises et des habitations de pêcheurs; en avant, une troupe de bohémiens et une charrette conduite par des villageois.

CARRAVAGIO (Michel-Ange)

60 — Le Baiser de Judas.

Composition capitale; personnages de grandeur naturelle, sept figures; peinture large et vigoureuse.

CARRÉ (Michel)

61 — Villageoise allaitant son enfant en gardant des animaux.

COURTOIS (Jacques, dit le)

62 — Choc de cavaliers; nombreuses figures.

PAR LE MÊME

63 — Combat. (Pendant du précédent.)

FERG (François)

64 — La Promenade en mer.

65 — Port de mer animé d'une grande quantité de petites figures.

MOLENAER (Jean)

66 — Fumeurs et Chanteurs; hommes et femmes attablés dans un estaminet.

MURILLO, Barthélemy-Esteban (D'après)

67 — Vieille Femme et jeune enfant.

D'APRÈS LE MÊME

68 — Petits Mendiants espagnols mangeant des fruits.

NEER, Arthur van der (Attribué à)

69 — Canal hollandais au centre d'un village; clair de lune.

REMBRANDT (École de)

70 — Le Retour de l'Enfant prodigue.

ROMBOUT

71 — Entrée de bois; sur une route, cheminent une vieille femme et un jeune enfant.

SCHIDONE

72 — La Vierge, l'Enfant Jésus et saint Joseph.

Peinture large, couleur vigoureuse.

STELLA, Jacques (D'après RAPHAEL)

73 — Le Mariage de la Vierge.

Joseph et Marie sont agenouillés devant le Grand-Prêtre qui sanctifie le mariage; dans le temple, grand nombre de personnages.

TÉNIERS, David (École de)

74 — La Tentation de saint Antoine.

VERBOOM (Abraham)

75 — Paysage boisé, genre de Ruysdaël.

VERKOLÉE (Nicolas)

76 — Courtisanes et Gentilshommes; intérieur hollandais, cinq figures.

WATTEAU (D'après)

77 — La Noce de village.

78 — Fête italienne.

WOUVERMAN (Jean)

79 — La Halte à l'auberge.

> Un garçon d'écurie donne à boire à des chevaux; un cavalier sonnant de la trompe se dirige vers l'auberge; dans le fond, un autre cavalier et un voyageur.

ÉCOLE FRANÇAISE.

80 — Portrait de la princesse de Lamballe, représentée en buste.

ÉCOLE MODERNE

81 — Le Château de Holghood.

RENOU et MAULDE, Imprimeurs de la Compagnie des Commissaires-Priseurs, rue de Rivoli, 144.   11875

9 782329 506944